AF264070

AUX

3,376 OPPOSANTS

DE LA

3me CIRCONSCRIPTION

DU MORBIHAN

PRIX : 20 Centimes

LORIENT

EUG. GROUHEL, LIBRAIRE-EDITEUR

4, place Bisson, 4

1869

Aux 3,376 Opposants

DE LA

3ᵐᵉ CIRCONSCRIPTION DU MORBIHAN

Le suffrage universel vient d'affirmer une fois de plus sa confiance dans l'Empereur et dans les institutions qui nous régissent. Les partis qui voulaient l'ordre avec d'autres formes de Gouvernement, ont disparu de la Chambre de 1869, et à côté de la majorité dévouée à l'ordre avec l'Empire, et le progrès que lui seul peut nous donner, il n'y a plus que quelques anti-dynastiques républicains et le petit groupe nouveau qui, lui-même, s'est qualifié d'*irréconciliable.*

Les électeurs de la circonscription de Lorient ont donné une immense majorité au candidat dynastique, libéral et catholique. Leurs opinions sont les siennes.

Une minorité peu nombreuse, mais formée en partie des ouvriers de la ville et de quelques-uns de ceux que la marine emploie, à donné son suffrage au candidat réplublicain, dont le programme est *plus d'impôts ! plus d'armée permanente !*

Il est rare que les convictions se forment contrairement aux intérêts, c'est cependant ce qui vient d'arriver ici.

En effet, l'intérêt des ouvriers de l'arsenal n'est pas qu'il n'y ait *plus d'impôts, plus d'armée permanente*, partant plus de marine, où tout au moins une réduction considérable dans les dépenses maritimes.

Cette question est résolue du moment où elle est posée.

La population de Lorient, les ouvriers surtout, perdraient non-seulement l'aisance qui a été en croissant depuis l'avénement de l'Empire, mais encore le nécessaire, les moyens indispensables à l'existence.

Cette conséquence n'est-elle pas évidente; qui pourrait le contester ? Admettons la suppression de l'arsenal de Lorient, et cette supposition est bien admissible (car la question a été posée en 1848, et lorsque la source des revenus aura été tarie, il s'en posera bien d'autres), que deviendriez-vous tous, ouvriers devenus citadins et qui ne vous déciderez que bien difficilement à recourir aux seuls travaux que laisserait le système pour lequel vous avez en partie voté, les travaux de l'agriculture ?

Voyez d'ici Lorient sans arsenal, sans industrie (car sous le régime nouveau il ne s'en créera pas et il n'y en a aucune), privé de tous ceux des ouvriers énergiques et de bon sens qui auront compris qu'il vaut mieux aller labourer ou piocher, que de laisser mourir de faim leur famille, et livré à ceux qui n'auraient pas su prendre ce sage parti, et dont quelques-uns tendraient la main, pendant que les autres agiteraient les rues.

C'est le but non désiré, mais qui eût été indubitablement atteint, si Lorient avait nommé son démocrate et si la majorité de la Chambre eût été composée de la même façon.

Certes, le candidat Lorientais aurait défendu notre arsenal, de même que les démocrates de Paris, s'ils comprennent les intérêts de ceux qui les ont nommés, ne provoqueront pas le ralentissement des travaux des bâtiments, du luxe, des bibelots de toute sorte ; ceux de Lyon, lutteront pour l'industrie de la soie ; ceux de Marseille, pour le développement du commerce extérieur et des industries qui s'y ratttachent ; ceux de Dijon, pour la consommation des vins à 10 fr. la bouteille ; mais croyez-moi ; si chaque département avait nommé des démocrates, chacun d'eux eût été obligé de jeter sa valise à la mer au moment du naufrage, et l'arsenal de Lorient, la construction des maisons de Paris, l'industrie de la soie, le commerce extérieur et les vins fins, tout cela sombrerait et serait englouti à la fois.

Beaucoup des votants auxquels je m'adresse sont Républicains. C'est là après tout une forme possible de gouvernement, qui est conciliable avec la vie en société, en famille.

Mais c'est une forme qui porte inscrits sur son drapeau, les mots *liberté, égalité, fraternité, ou la mort,* qui tous les quatre, cependant, ont besoin de *correctifs.*

En effet, examinons à tête calme ce programme.

Personne ne peut nier que la *liberté* individuelle ne soit désirable, mais elle a une limite, c'est la *liberté* du voisin, il ne faut ni le gêner, ni l'opprimer : donc à côté de la liberté, il faut *l'ordre.*

L'égalité; oui, devant les droits civils et la justice, — mais n'est-elle pas et ne doit-elle pas être tempérée par la subordination dans l'atelier, dans le magasin, dans le travail. — Où en serions-nous, si aucun n'avait le droit de diriger et de commander ? Quelle société pourrait vivre, sans admettre des *supériorités* d'intelligence, d'aptitude au travail industriel ou artistique, la supériorité même du maître maçon, qui est responsable du travail qu'il exécute, sur le manœuvre qui gâche le mortier.

Fraternité, mais au-dessus de la *fraternité* il y a la *paternité*, l'autorité dans la famille, la direction en toutes choses de celui qui par le privilége, ou de l'âge, ou de l'aptitude, ou de la fonction, a le droit et le devoir de commander.

Ou la mort ; très-bien, c'est là une fin à laquelle personne de nous n'échappera, mais enfin, plus la vie se prolongera, meilleures seront les conditions de l'existence de chacun, mieux cela vaudra. N'êtes-vous de mon avis, lecteurs de toutes classes.

La République peut-elle durer en France ?

Deux expériences permettent d'en douter, deux fois elle nous a amené à la misère, à l'affaiblissement. Qu'elle reviennne, et les puissances jalouses en profiteront pour nous attaquer.

Un suprême effort nous ferait les repousser et les vaincre, mais cet effort, qui nous coûterait si cher, nous ramènerait nécessairement au gouvernement d'un seul.

Pourquoi vouloir traverser de nouveau ces phases sanglantes et ruineuses, interrompre notre marche lente, mais constante, vers les progrès de toute nature, vers l'amélioration du sort de tous, et retirer notre confiance à l'Empereur qui a tant fait déjà pour arriver au but, et dont la marche n'est ralentie que parce que les partis le combattent et que la première nécessité est d'empêcher les révolutions qui, après avoir tout renversé, dévorent toujours ceux qui les ont faites.

Sous le Gouvernement de Napoléon III, les situations de chacun ont été améliorées et la vie est devenue plus aisée. Elle le deviendrait bien plus si on lui laissait développer dans le calme nos institutions, sans l'entraver par d'injustes attaques, et sans déjuger le mémorable élan avec lequel nous l'avons acclamé en 1852, avec lequel vous avez acclamé l'Empereur quand il est venu en Bretagne, avec lequel l'acclame le faubourg Saint-Antoine, lui-même, chaque fois qu'il s'y montre, et que les meneurs n'en ont pas été informés.

Ceux qui vous dirigent et cherchent à vous mener sont des ambitieux qui voudraient bien avoir une part du pouvoir. Qu'ils réussissent, et vous sentirez combien ils pèseront davantage sur vous. Bientôt, comme autrefois, vous les verriez se débattre contre la perte du crédit de l'industrie de la France; les impôts diminués, pour satisfaire à leurs promesses, ou réduits parce que les sources en seraient taries, forceraient à diminuer le nombre des ouvriers et à faire baisser leur salaire.

Rappelez-vous 1849, et réfléchissez : une crise nouvelle serait bien plus grave encore ; voilà le danger, croyez le bien.

Avec cet avenir, désastre ; avec l'Empire consolidé, amélioration progressivement mesurée, mais constante, des situations de tous.

Le vote des majorités nous assure, il faut l'espérer, une longue période de calme, mais il est à craindre que la présence à la Chambre des quelques *irréconciliables*, n'encourage ce parti à fomenter des troubles.

En ce cas, les *comités directeurs*, ne manqueront pas de dépêcher vers vous des agents qui, peu soucieux de vos intérêts, chercheront à vous agiter pour arriver à la réalisation des vœux de leurs patrons, ces *pêcheurs en eau trouble*.

Les agitateurs de toute espèce, cherchent a grandir leur situation à vos dépens.

Ne les croyez pas et dites-vous que vos vrais intérêts sont dans le calme et la tranquillité, et que vos meilleurs amis, ceux qui vous sont le plus dévoués sont les chefs sous les ordres desquels vous servez votre pays.

C'est sous le régime Impérial que vous verrez s'augmenter votre bien-être, c'est sous son égide que vous pourrez élever vos enfants de telle manière que ceux qui sauront profiter de leurs études seront en situation d'arriver à tout.

Et les agitateurs que peut-être vous verrez arriver ne seront pas des républicains, ce seront, en général, des *communistes*, des *socialistes*, mais ils seraient mieux qualifiés *d'anti-socialistes*, car leur système est la négation de toute société civilisée.

Y a-t-il des socialistes , communistes ou partageux parmi les votants de la minorité de la 3e circonscription ? Quelques-uns probablement ; très-peu je crois. Ceux-là savent ce qu'ils veulent, mais ils se gardent bien de l'expliquer à ceux qu'ils entraînent avec eux, qu'ils tenteront d'amener au combat de la rue, seule chance de réussite de cette opinion à laquelle se refuse le bon sens de la majorité des citoyens. Le Français fait volontiers preuve d'indépendance par un vote. Il *taquine* ainsi le Gouvernement, il *taquine* ceux auxquels il obéit et qu'au fond il aime et il respecte.

Mais de là à combattre contre les intérêts et ceux de sa famille, pour la satisfaction d'un sentiment peu réfléchi et presque puéril. — Oh! voilà qui serait coupable, et si contre toute attente, vous réussissiez, plus d'un de vous verserait des larmes bien amères, et en verrait verser à ceux qu'il aime et qui vivent de son travail.

Voyons donc, en peu de mots, ce que c'est que cette doctrine. — Sa définition est facile, elle consiste à partager toute la fortune sociale en autant de parts que d'individus, et à recommencer quand l'inégalité se trouverait rétablie.

Je ne suis pas statisticien, et si j'emploie des chiffres ce n'est que dans le but de mieux me faire comprendre.

Supposons, pour un instant, que la somme des revenus de tous les Français soit annuellement de 10 milliards, et leur nombre de 35 millions.

Vous en conclueriez que le résultat du premier partage sera de donner à chacun la 35 millionième partie des 10 milliards. Et bien, non, vous êtes dans l'erreur, et je vais essayer de vous le démontrer.

Les revenus de chacun de nous se composent de ce que produisent les terres, les maisons, l'industrie, le commerce, les rentes inscrites au budget, les actions ou obligations diverses, les appointements payés par l'Etat ou par les industriels.

Examinons si ces sources diverses ne seraient pas, sinon taries, du moins considérablement diminuées.

Les terres, je le veux bien, produiraient à peu près ce qu'elles produisent, et encore que de choses à dire sur ce point.

Les maisons; quand le partage serait fait, qui pourrait habiter le premier étage, et pourquoi quelqu'un y serait-il plus à l'aise que dans la mansarde. Certes, je ne serai pas contredit quand je dirai que les loyers baisseront nécessairement, et si le locataire y trouve quelque avantage, le propriétaire y perdra.

L'industrie et le commerce sont basés sur le crédit, sur la confiance. Qu'est-ce que tout cela deviendra, quand chacun aura 200 francs de rente, ou à peu près.

Les rentes dues par l'Etat; mais elles sombreront puisqu'il n'y aura plus d'impôt.

Les revenus des actions ou obligations, engloutis dans le naufrage.

Les appointements de chacun, mais qui les payera et avec quoi.

Voilà donc nos dix milliards réduits par le seul fait de la révolution sociale dont il s'agit à un milliard à peine, et notre part, notre 35 millionième réduit dans les mêmes proportions.

Et puis admettons, qu'entre frères et amis, nul ne profitera, ou de sa faculté d'élever la voix plus haut que son voisin ou de sa poigne plus solide, et que le partage sera équitablement fait, il faudra certainement le recommencer bientôt après, car, dès le lendemain, l'inégalité se créera de nouveau. Celui qui aura bu quelques verres de cidre de plus que l'autre, en les payant, aura moins d'argent pour acheter du pain ; celui qui aura rendu quelques services à son voisin, paresseux ou malade, aura reçu une rétribution.

Laissez fonctionner ce système, et quand on sera arrivé à ne donner aucune rénumération pour la dépense de force et d'intelligence, nous en arriverons à vivre de la vie du sauvage qui prend ses armes pour pourvoir, par n'importe quel moyen, à sa subsistance.

Est-ce là ce que vous voulez ? Evidemment

non, et c'est cependant à cela que votre facilité à écouter les enjôleurs vous conduirait fatalement ; non sans lutte, croyez-le bien, car les gens de sens qui sont parmi vous, et il y en a beaucoup, s'armeraient contre le petit nombre des entêtés et des fous, et bien du sang serait répandu.

Eloignons ces tristes images, et laissez-moi vous dire encore un mot.

J'ai parlé *crédit* et *confiance,* croyez-le bien, ce ne sont pas de vains mots : les gens riches ne le sont guère que par cela, qu'ils soient propriétaires, industriels ou banquiers.

Le propriétaire est riche, parce que son fermier qui s'y est engagé par un bail, le paie.

L'industriel, parce qu'il peut recevoir sa matière première et ne la payer qu'après en avoir décuplé la valeur.

Le banquier, parce que son papier vaut de l'argent.

Supprimez le crédit, et il n'y a puls de gens riches. Les pauvres deviennent-ils plus riches ? Non assurément. Résultat d'appauvrissement général, rien de plus. L'homme qui a 40,000 livres de rente est un riche. S'il les garde et les accumule, oh, c'est un mauvais riche, mais s'il les dépense, il fait vivre à côté de lui bien des industries qui, elles-mêmes, en alimentent d'autres.

Je termine par une anecdote que l'on m'a contée et qui m'a fait pour la première fois comprendre ce que c'était que le crédit et comment il augmentait la fortune publique.

Le préfet de je ne sais quel département envoya un jour à la foire de Beaucaire un sac cacheté de mille francs en pièces de cent sous, et il donna à son mandataire l'ordre de se mêler au plus grand nombre possible de transactions commerciales, prêtant son sac et en suivant les périgrinations; eh bien, de main en main, ce sac donna lieu à 56 transactio s de pareille somme, équivalant par conséquent à 56,000 francs, et procura à 112 transacteurs un bénéfice que l'on ne peut guère évaluer à moins de 10 pour cent.

Voilà le crédit, voilà ses effets. Le crédit, c'est 50 fois la fortune publique, et il n'est possible qu'avec un gouvernement régulier. Il est inconciliable avec l'inconnu, vers lequel tendent ceux qui vous dirigent. Ils se soucient peu de vos intérêts et ce sont des *pêcheurs en eau trouble*, comme je l'ai dit dans le cours de ce long article, à moins que ce ne soient des gens payés par l'étranger pour nous désunir, et il y a de cela; soyez-en sûrs.

Puisse ces quelques lignes être lues avec attention par quelques-uns d'entre vous et ébranler leurs convictions actuelles. Celui qui écrit ceci est bien plus votre ami que les agitateurs qui ont tenté et qui tenteront encore de vous faire servir à la réalisation de leurs projets, pour la plus grande satisfaction de leurs intérêts et non des vôtres.

Au moment où j'écris ces lignes, le résultat des scrutins de ballotage ne m'est point encore connu. Les *irréconciliables*, pour lesquels votent les ouvriers des grands centres, ceux qui ont le plus besoin de l'ordre, car le désordre amènera la cessation ou la moindre rétribution du travail, préfèrent à Jules Favre l'honnête et éloquent républicain : Bancel, un des poètes les plus serviles, mais aussi des plus mauvais de la Restauration ; Esquiros, l'auteur d'un mauvais livre, les *Vierges folles ;* le comte Henri de Rochefort-Luçay, l'auteur d'un pamphlet périodique, de la *Lanterne*, plutôt destiné à aveugler qu'à éclairer, du vaudeville la *Vieillesse de Brididi,* et qui se qualifie Henri Rochefort, tout court, pour être mieux dans le rôle qu'il joue.

Cet *aristo* déserteur du parti de ses pères, se qualifie de *Montagnard*. Est-ce un Montagnard celui qui, vivant somptueusement à

Bruxelles des 40,000 francs que lui rapporte chaque mois son pamphlet, laisse en prison Robert de Myarle, qui a par ses ordres clandestinement introduit en France la *Lanterne* et qui ne peut payer l'amende de 700 francs à laquelle il a été condamné.

Grandes, héroïques, mais sanglantes figures de 1792 et 1794, levez-vous de vos tombes, descendez de vos échafauds, et dites à tous ces communistes :

« Non, vous n'êtes pas nos héritiers. Notre
» but était grand, le vôtre est tout personnel,
» nous avions à combattre un état social où deux
» classes privilégiées exploitaient le peuple,
» à reconquérir les droits de ce |dernier. La
» tâche était difficile, et exigeait, nous l'avons
» cru, que du sang innocent fut versé. En
» expiation, nos têtes sont tombées.

» Holocauste douloureux sur lequel a été
» fondée la société nouvelle que vous cher-
» chez à détruire pour vous élever sur ses
» ruines.

» Vous n'êtes pas des Montagnards quoique
» vous en disiez, vous êtes des Babouvistes. »

Les *irréconciliables* disparaîtront sous le bon sens public. Opposants de 1869, croyez-en :

Le petit-fils d'un Montagnard.

www.ingramcontent.com/pod-product-compliance
Lightning Source LLC
Chambersburg PA
CBHW050719070726

47597CB00009B/3700